まちごとチャイナ

# 普陀山
Zhejiang 009 Putuoshan

## 「海天仏国」と舟山群島

Asia City Guide Production

## 【白地図】普陀山と長江デルタ

**CHINA**
浙江省

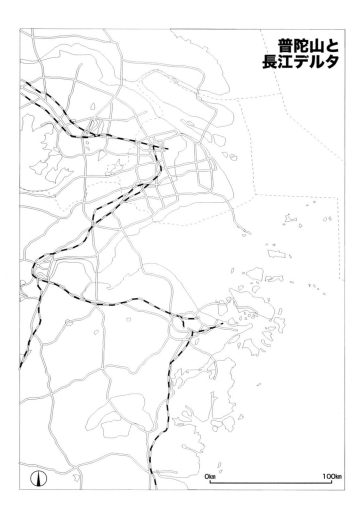

## 【白地図】普陀山

CHINA
浙江省

# 普陀山

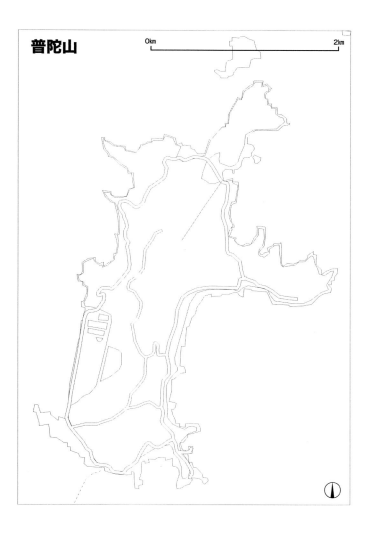

## 【白地図】普陀山南

**CHINA**
浙江省

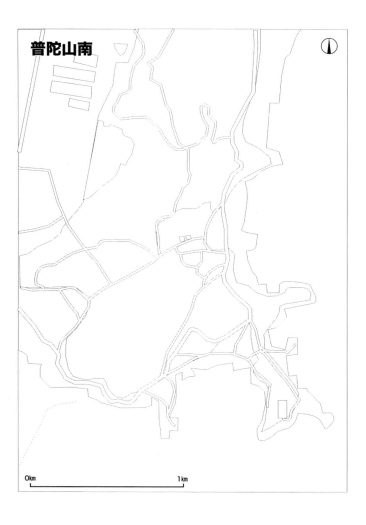

## 【白地図】南海観音大仏

**CHINA**
浙江省

## 【白地図】普済禅寺

**CHINA**
浙江省

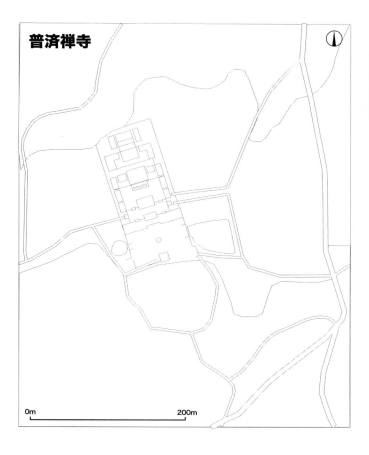

**【白地図】西天景区**

CHINA
浙江省

## 【白地図】普陀山北

**CHINA**
浙江省

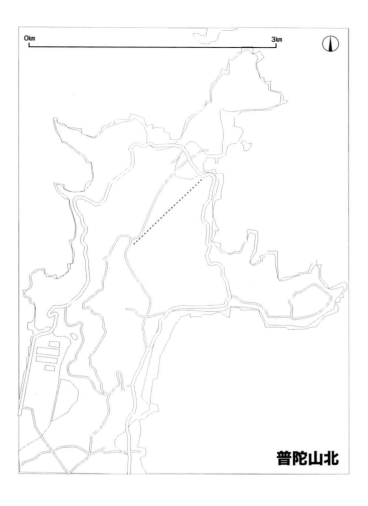

Putuoshan 白地図

普陀山北

## 【白地図】法雨寺

CHINA
浙江省

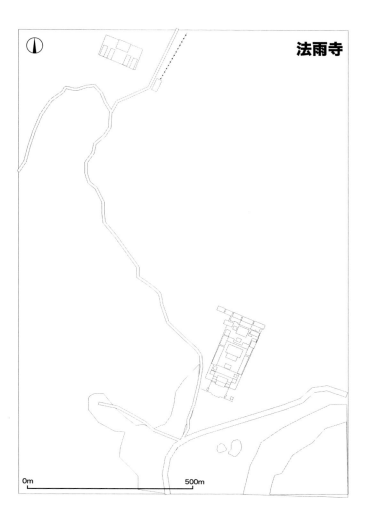

## 【白地図】定海

**CHINA**
浙江省

# 定海

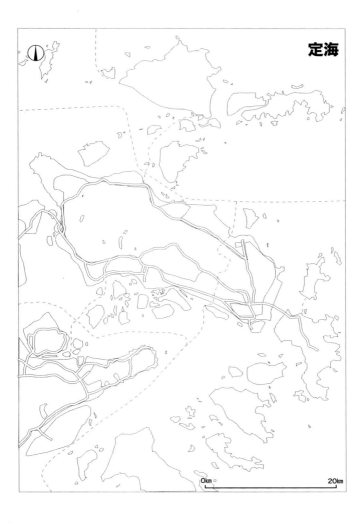

Putuoshan 白地図

## 【白地図】舟山群島

**CHINA**
浙江省

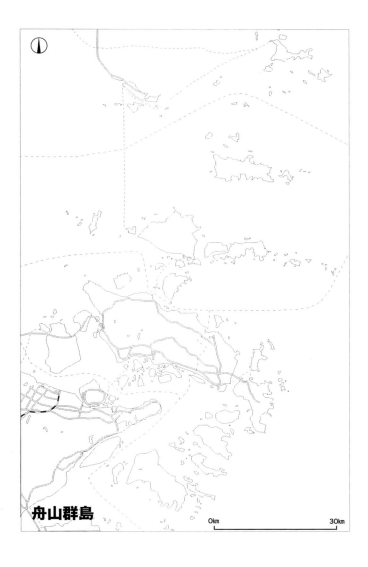

CHINA
浙江省

【まちごとチャイナ】
浙江省 001 はじめての浙江省
浙江省 002 はじめての杭州
浙江省 003 西湖と山林杭州
浙江省 004 杭州旧城と開発区
浙江省 005 紹興
浙江省 006 はじめての寧波
浙江省 007 寧波旧城
浙江省 008 寧波郊外と開発区
**浙江省 009 普陀山**
浙江省 010 天台山
浙江省 011 温州

**寧**波沖合いの東海に浮かぶ舟山群島の一角に位置する普陀山。小さな島に観音菩薩像を安置する大小の寺院が立ちならぶ観音の霊場で、中国四大仏教聖地のひとつと知られてきた。

　この普陀山は唐代の858年、遣唐使として海を渡った恵鍔が日本に帰国しようとする際、観音菩薩をまつることで開山された。南洋、北洋、日本に通じて中国商人、航海者たちの寄港地となり、同時に舟山群島は倭寇や海賊の根拠地でもあった。

# 普陀山
# Putuo shan
普陀山 pǔ tuó shān プウトゥオシャン

　信仰の中心地、商業の要地、海賊の棲家といった性格から、普陀山は破壊と再建を繰り返し、現在は多くの人がこの仏教聖地へ巡礼している。また普陀山の位置する舟山群島は中国最大の漁場でもあり、漁撈生活に根ざした独特の海民文化が残っている。

## 【まちごとチャイナ】

## 浙江省 009 普陀山

---

## 目次

---

普陀山……………………………………………………xxii

観音の霊場普陀山へ ……………………………………xxviii

普陀山南鑑賞案内…………………………………………xxxvii

普済禅寺鑑賞案内 …………………………………………lv

西天景区鑑賞案内…………………………………………lxv

普陀山北鑑賞案内…………………………………………lxxi

補陀洛山に棲む観音菩薩…………………………………lxxxiv

舟山群島城市案内 …………………………………………xc

海流のなかの島々…………………………………………cvi

**【MEMO】**

## 【地図】普陀山と長江デルタ

**CHINA**
浙江省

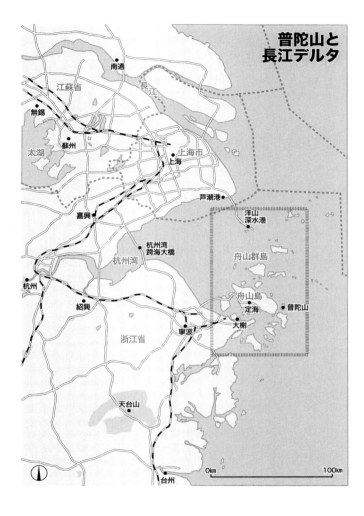

# 観音の霊場 普陀山へ

CHINA
浙江省

寧波の沖合いに浮かぶ1390もの群島
そのうちのひとつ普陀山は中国仏教を代表する聖地
普陀山への巡礼を「朝海」と呼んだ

### 普陀山の地形と構成

舟山群島で最大面積の舟山島から東5kmに浮かぶ普陀山。東西3.5km、南北8.6kmで、それほど大きな島ではないが、海へ伸びる岬、荒波を受ける断崖、砂浜など地形は変化に富む。面積（12.8平方キロメートル）のわりに最高峰は291mと高く、緑が多いことから地下水に恵まれている（古くは漢方の材料となる薬草が自生していた）。858年、島南東部の潮音洞あたりが恵鍔の上陸した普陀山発祥の地で、島中央南部の普済禅寺（前寺）、その北側の法雨寺（後寺）、最高峰の仏頂山に立つ慧済寺を三大寺院とする。普陀山周囲の東海は、長

観音の霊場普陀山へ

江や銭塘江といった河川の土砂によって、黄色く濁った海水となっている。

### 中国四大仏教聖地

観音菩薩（水）の霊場にあたる「普陀山」は、文殊菩薩（地）の「五台山」、普賢菩薩（火）の「峨眉山」、地蔵菩薩（風）の「九華山」とともに中国四大仏教聖地にあげられる。唐代に開山され、杭州に都がおかれた南宋（1127〜1279年）時代に島すべての寺院が禅寺となって仏教聖地という性格が確立された。かつて、この島では肉食、飲酒、喫煙などが禁じ

**CHINA**
浙江省

られ、女性は入山することができないほどだったという。清代、700あまりの漁民を島外に移住させて以来、僧侶だけが暮らす聖域だったが、20世紀に入って龍湾に漁師も暮らすようになった。大小30あまりの寺院のほとんどが観音菩薩をまつり、観音ゆかりの洞窟や岩なども多い。「震旦第一仏国」「海天仏国」「南海仏国」「海上蓬莱」などさまざまな言葉でたたえられ、海と山と空に彩られた美しい景観をもつことから、「四大名山の冠」とされる。

▲左　普済禅寺、法雨寺、慧済寺が普陀山三大寺院。　▲右　不肯去観音院あたりに日本僧恵鍔は上陸した

## 普陀山という名前

普陀山という名前は、インドのサンスクリット語「Potalaka（ポタラカ）」を音写したもので、「普陀山」以外にも、「補陀落山」「宝陀山」などさまざまな漢字があてられてきた。「Potalaka（ポタラカ）」とは南インドにあるという観音菩薩の住まいをさし、普陀山同様にチベットのポタラ宮もこの言葉をルーツとする（ダライ・ラマは観音菩薩の生まれ変わりとされる）。本来、サンスクリット語の「Potalaka（ポタラカ）」は「白い花が咲く山」を意味することから、普陀山は白華山と呼ばれたこともあった。また「Potalaka（ポタラカ）」を

**CHINA**
浙江省

「普陀洛伽山」とし、「普陀山」と普陀山東に浮かぶ「洛伽山」の二島で「普陀洛伽山」を構成するとも考えられている。

## 普陀山のかんたんな歴史

新石器時代から舟山群島に人が暮らし、越王勾践の時代(紀元前5世紀ごろ)にはこのあたりの海に漁に出る漁民が定住していたという。秦代の文人安期が隠居して丹薬をつくり、続く漢代にも梅福が豊かな自然のこの地で仙薬を調合したと伝えられる。仏教が中国全土に広まるなかの唐代(858年)、日本人仏教僧の恵鍔が五台山で手に入れた観音像を安置した

観音の霊場普陀山へ

▲左　法雨寺の九龍観音殿、南京明故宮の宮殿が遷された。　▲右　マリンスポーツをする人

ことで普陀山は開山された。南宋の1131年、寺院のすべてが禅宗寺院となり、仏教聖地化も進んだ。明代、舟山群島に倭寇や海賊の根拠地がおかれたため、普陀山の僧侶や住民は内陸部へ移され、以後、普陀山は破壊と再興を繰り返した（また明清交代期には、北京から離れた舟山に南明政権の拠点があった）。清朝末期から中華民国時代にも普陀山は大いに栄え、上海や寧波からの航路の開通もあって、巡礼客のほかリゾート目的で多くの人が訪れるようになった。1966〜76年の文化大革命では壊滅状態となったが、再び、復興が進んで現在にいたる。

## 【地図】普陀山

### 【地図】普陀山の [★★★]
- ☐ 南海観音大仏 南海观音大佛 ナァンハイグゥアンインダアフウ
- ☐ 普済禅寺 普济禅寺 プウジイチャァンスウ
- ☐ 法雨寺 法雨寺 ファアユウスウ
- ☐ 慧済寺 慧济寺 フゥイジイスウ

### 【地図】普陀山の [★★☆]
- ☐ 百歩沙 百步沙 バァイブウシャァ

### 【地図】普陀山の [★☆☆]
- ☐ 普陀山港 普陀山码头 プウトゥオシャンマアトウ
- ☐ 二亀聴法石 二龟听法石 アァグイティンファンシイ
- ☐ 千歩沙 千步沙 チエンブウシャァ
- ☐ 梵音洞 梵音洞 ファンインドォン
- ☐ 万仏宝塔 万佛宝塔 ワァンフウバァオタア
- ☐ 宝陀講寺 宝陀讲寺 バァオトゥオジィアンスウ

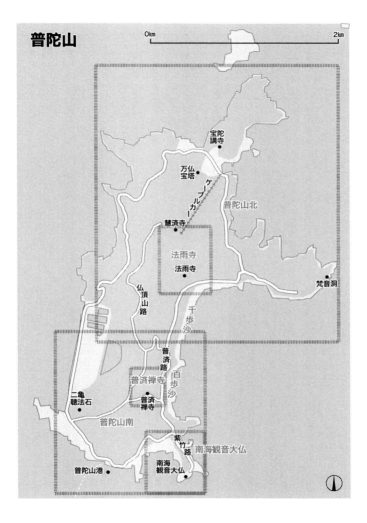

Putuoshan　観音の霊場普陀山へ

**【MEMO】**

# Guide,
# Pu Tuo Shan Nan
# 普陀山南
# 鑑賞案内

普陀山への入口にあたる島の南岸
普陀山発祥の潮音洞や
美しいたたずまいを見せる南海観音大仏が立つ


**普陀山港** 普陀山码头
**pǔ tuó shān mǎ tóu プウトゥオシャンマアトウ** [★☆☆]

普陀山と各地を結ぶ港は、深水の好条件をもつ島の南側にあり、このあたりは宋代から船が停泊する港となっていた（唐代、恵鍔は現在の港東側の潮音洞あたりから上陸した）。明代には、寧波三江口と普陀山を往復するツアーが組まれていたと言われ、片道で半日ほどかかった行き帰りの船の駄賃と食事をふくめて1銭だったという。寧波からの船のほか、上海方面からの船もあり、そうした状況は現在まで続いている。清代、大挙する巡礼団に対応するため、普陀山側は港で帳簿

## 【地図】普陀山南

### 【地図】普陀山南の［★★★］
- ☐ 南海観音大仏 南海观音大佛
  ナァンハイグゥアンインダアフウ
- ☐ 普済禅寺 普济禅寺プウジイチャァンスウ

### 【地図】普陀山南の［★★☆］
- ☐ 不肯去観音院 不肯去观音院
  ブウカァンチュウグゥアンインユゥエン
- ☐ 潮音洞 潮音洞チャオインドォン
- ☐ 百歩沙 百步沙バァイブウシャア

### 【地図】普陀山南の［★☆☆］
- ☐ 普陀山港 普陀山码头プウトゥオシャンマアトウ
- ☐ 海岸牌坊 海岸牌坊ハァイアンパァイファン
- ☐ 短姑道頭 短姑道头ドゥアングウダオトォウ
- ☐ 龍湾村 龙湾村ロォンワンチュン
- ☐ 新羅礁 新罗礁シィンルゥオジィアオ
- ☐ 心字石 心字石シィンツゥシイ
- ☐ 磐陀石 磐陀石パァントゥオシイ
- ☐ 千歩沙 千步沙チエンブウシャア

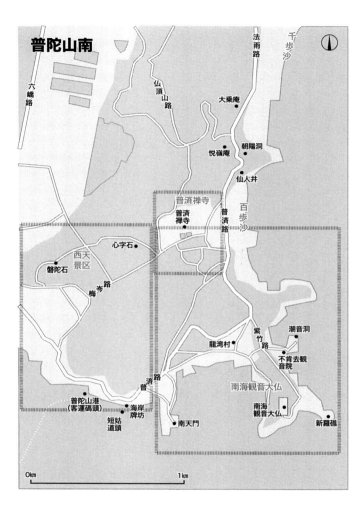

普陀山南鑑賞案内

CHINA
浙江省

をつけて入山記録をとり、巡礼先を普済禅寺（前寺）と宝雨寺（後寺）とにふりわけたという。

### 海岸牌坊 海岸牌坊
**hǎi àn pái fāng ハァイアンパァイファン** [★☆☆]

普陀山南側の碼頭付近の巨岩に立つ海岸牌坊。普陀山への門の役割を果たすこの牌坊は、清朝第5代雍正帝時代（18世紀）に建てられ、現在のものは1911年に再建された（第4代康熙帝時代に海禁令がとかれ、その後、普陀山への巡礼が本格化した）。高さ9m、幅8m、三間からなる海岸牌坊は、緑の

▲左　普陀山港、寧波や上海との航路がある。　▲右　普陀山の客運ターミナルのにぎわい

屋根瓦を載せる。中央に「南海聖境」の扁額がかかげられ、「同登彼岸」の文字が刻まれている。

### 短姑道頭 短姑道头
**duǎn gū dào tóu ドゥアングウダオトォウ [★☆☆]**

短姑道頭は現在の港がつくられる以前の古い港で、1731年に建設された。短姑道頭という名前は、普陀山へ巡礼に来た若い娘が生理になり、入山できないまま船で待っていると、その娘のために観音の化身が食べものをもってここに現れたという伝説にちなむ。また短姑道頭にならぶように、巨岩で

**CHINA**
浙江省

できた門の南天門が位置する。

**龍湾村** 龙湾村 lóng wān cūn ロォンワンチュン ［★☆☆］
普陀山南側の龍湾そばに位置する龍湾村。1949年の新中国建国にあたって普陀山南20kmの蝦崎島より人びとが移住し、龍湾村に住居を構えた（清代以降、僧侶以外の住民は他の島への移動を命じられ、僧侶のみが暮らす島だった）。漁業を営む漁師のほか、ホテル、レストランなどの観光業に従事する人も見られる。

普陀山南鑑賞案内

▲左　不肯去観音院へ通じる参道。　▲右　どこまでも続く水平線、空と海が交わる

## 不肯去観音院 不肯去观音院 bù kěn qù guān yīn yuàn
**ブウカァンチュウグゥアンインユゥエン**　[★★☆]

唐代の中国を訪れた日本の僧侶恵鍔が五台山で手に入れ、日本にもち帰ろうとした観音像にちなむ不肯去観音院。恵鍔が中国を離れようとすると、天候や自然が邪魔したことから、恵鍔は普陀山に上陸して民家に観音像をまつり、「不肯去観音院（行かざるの観音）」と名づけられた。この不肯去観音院は海にのぞむ崖のうえにあったため参詣に不便で、宋代以降、普済禅寺が島の中心寺院となった。現在の不肯去観音院は、「恵鍔ゆかりの観音院がこのあたりにあった」という言

**CHINA**
浙江省

い伝えから再建された小さな寺院で 1980 年に完成した（恵鍔の観音像がまつられているわけではない）。赤紫色をした石が点在していたことから、あたりは紫竹林と呼ばれ、明代建立の紫竹林禅院（聴音庵）のなかに不肯去観音院は立つ。

### 不肯去（いかざるの）観音

恵鍔は遣唐使（7〜9 世紀）として数度入唐し、日本の檀林皇后からの宝幡や袈裟を五台山に届けたり、唐の仏教僧を日本に招聘している。この恵鍔が 858 年、五台山の観音像を勧請し、寧波から船で日本に帰ろうとして普陀山にさしかかっ

Putuoshan 普陀山南鑑賞案内

▲左　人びとを救済する観音菩薩に願いを託す。　▲右　捨身行も行なわれたという潮音洞近く

た。すると恵鍔の船は強風に見舞われて進めなくなり、普陀山に身を寄せた。順風を待って船を出したものの、濃霧があたりをつつんだり、海中から鉄の蓮華が無数現れ、船はいずれも進めなくなった。これは「普陀山にとどまりたい」という観音さまの意思だと察した恵鍔は、普陀山に上陸して島民の張氏の家に観音像をまつった。これが不肯去観音院のはじまりで、現在、恵鍔が普陀山に観音像を安置するまでの縁起を描いた浮き彫りが見られる。この恵鍔の縁起譚にちなんで、普陀山近くの海域は蓮花萍と呼ばれ、鉄の蓮華はイルカではなかったか？　とも推測されている。

浙江省

**潮音洞** 潮音洞 cháo yīn dòng チャオインドォン ［★★☆］
普陀山南東に伸びる岬の断崖に残る潮音洞。858年、恵鍔の船が向かったという普陀山はじまりの場であり、観音菩薩が現れると信じられている（当時、インド僧が潮音洞の前で庵を結んで観音菩薩をまつっていたという）。高さ8m、幅3mほどの洞窟で、打ち寄せる波しぶきと岩がぶつかる音が響くことから潮音洞と名づけられた。南宋宰相の史浩が1148年に普陀山に参詣したときに、ここで「観音が姿を現す」霊験を目のあたりにし、仏教聖地普陀山の地位が高まった。その後も1515年、南京で資金をつのった僧侶が潮音洞近くに寺

院を建てるなど、観音信仰の霊場となっていた。また観音菩薩に会うことを願って、潮音洞で捨身、燃指（生命を捧げる）する信者が絶えず、清代建立の捨身を禁止する石刻も残っている。

**抗倭石刻** 抗倭石刻 kàng wō shí kè カァンウォシイカァ[★☆☆]
潮音洞のそばに立つ高さ 3.8m の抗倭石刻。一度は倭寇に敗れたものの、その後、倭寇を討伐した明軍の将によって 1553 年、建てられた（明代、倭寇は舟山群島を根拠地にして中国沿岸部を荒らしていた）。

**【地図】南海観音大仏**

## 【地図】南海観音大仏の [★★★]
- ☐ 南海観音大仏 南海观音大佛 ナァンハイグゥアンインダアフウ
- ☐ 普済禅寺 普济禅寺 プウジイチャァンスウ

## 【地図】南海観音大仏の [★★☆]
- ☐ 不肯去観音院 不肯去观音院 ブウカァンチュウグゥアンインユュエン
- ☐ 潮音洞 潮音洞 チャオインドォン
- ☐ 百歩沙 百步沙 バァイブウシャア

## 【地図】南海観音大仏の [★☆☆]
- ☐ 観音跳 观音跳 グゥアンインティアオ
- ☐ 新羅礁 新罗礁 シィンルゥオジィアオ
- ☐ 龍湾村 龙湾村 ロォンワンチュン
- ☐ 抗倭石刻 抗倭石刻 カァンウォシイカァ
- ☐ 普陀山港 普陀山码头 プウトゥオシャンマアトウ

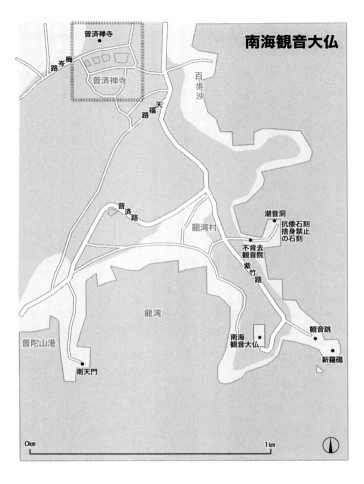

**南海観音大仏** 南海观音大佛
**nán hǎi guān yīn dà fú**
**ナァンハイグゥアンインダアフウ** [★★★]

「普陀山発祥の地」とも言える岬の龍湾崗に立つ南海観音大仏。普陀山が文革で破壊をこうむり、再興が進んだ 1997 年に普陀山な新たなシンボルとして建てられた。「人びとの声を観じて、救済する」という観音菩薩はインドで生まれ、中国に伝わって以後の唐代ごろから女性の姿で表わされるようになった。この南海観音大仏の高さは 18m、蓮台の高さ 2m、座基 13m で下から頂点までは 33m となる。金色に輝く

▲左　金色に輝く南海観音大仏。　▲右　海の守り神として観音は信仰を集めた

観音大仏は、右掌を外側に向けて肩あたりにあげる「施無畏印」のポーズをとっている。

**観音跳** 观音跳 guān yīn tiào グゥアンインティアオ[★☆☆]

観音跳は南海観音からさらに先の岬先端部に残る巨大な岩石。観音菩薩が洛伽山から普陀山に飛んできて足跡を残した場所とされる（普陀山と洛伽山が観音の棲む普陀洛伽山を構成する）。観音跳海石とも呼ばれ、ここから観音信仰が極度に達した「捨身」が行なわれたという。

**CHINA**
浙江省

**新羅礁** 新罗礁 xīn luō jiāo シィンルゥオジィアオ ［★☆☆］
普陀山南の荒々しい岩礁海岸が続く岬に浮かぶ新羅礁。12世紀、新羅商人が観音像を船に乗せて帰国しようとしたとき、日本僧恵鍔と同様のことが起こった（観音さまが普陀山から離れるのをこばんだ）。当時、このあたりの岩礁は船着場だったところで、新羅礁という名前は以上の故事にちなむ。

## 【MEMO】

**CHINA**
浙江省

# Guide,
# Pu Ji Chan Si
# 普済禅寺
# 鑑賞案内

普陀山でもっとも大きく
もっとも由緒正しい寺院の普済禅寺
絶え間なく巡礼者が訪れる聖域

**普済禅寺** 普済禅寺
**pǔ jì chán sì プウジイチャァンスウ** [★★★]

普済禅寺は恵鍔のまつった観音像を安置してきた普陀山を代表する寺院で、島全体の10分の1近くをしめる伽藍規模をもつ。北宋の1080年、普陀山発祥の不肯去観音院のあとに建てられたのがはじまりで、皇帝から宝陀観音寺という名をたまわった。1131年、普済禅寺をふくむ普陀山のすべての寺院が禅寺となり、やがて1214年にすべての寺院が観音像を本尊とした(南宋は五山十刹を定めて禅寺を保護下におき、その過程で仏教聖地普陀山が整えられていった)。元末から

### 【地図】普済禅寺

## 【地図】普済禅寺の［★★★］
- □　普済禅寺 普済禅寺プウジイチャァンスウ

## 【地図】普済禅寺の［★★☆］
- □　多宝塔院 多宝塔院ドゥバオタアユゥエン
- □　百歩沙 百歩沙バァイブウシャア

**CHINA**
浙江省

明代にかけて普陀山は、倭寇の侵攻を受け、普済禅寺に安置された仏像が寧波側の招宝山へ遷されるということもあった。現在の普済禅寺伽藍は海禁が解除された清代の1689年から再建されたもので、1699年に普済禅寺という寺名になった。この寺の北側にある法雨寺（後寺）に対して、前寺とも呼ばれる。

### 普済禅寺の伽藍

霊鷲峰南麓に展開する普済禅寺の伽藍は、山門から、弥勒仏をまつる天王殿、そして本殿にあたる大圓通宝殿へと続く（大

▲左　女性の姿をした観音さま、普陀山を離れるのをこばんでこの地にまつられたのがはじまり。　▲右　普済禅寺への参道に位置する海印池と御碑亭

圓通宝殿の奥には蔵経楼、法丈がならぶ）。そこへいたる参道には海印池（蓮花池）、雍正帝の書いた御碑亭、「観自在菩薩」の巨大な文字が見える菩薩壁が見え、軸線上の左右に鼓楼と鐘楼が配されている。大圓通宝殿は高さ 21m、横 47m、奥行き 29m の規模で「100 人はいっても広すぎず、1000 人はいっても狭すぎず」と設計されているという。高さ 6.5m の観音菩薩像を本尊とし、そのまわりにさまざまな姿となって現れた 33 体の観音菩薩の応現身（観音像）が配置されている。また左右配殿には、文殊菩薩と普賢菩薩がそれぞれまつってある。

**CHINA**
浙江省

### 多宝塔院 多宝塔院
**duō bǎo tǎ yuàn ドゥバオタアユゥエン** [★★☆]

普済禅寺の南東に立つ高さ 18m の多宝塔院。現存する普陀山でもっとも古い人工建築で、元代の 1335 年に建立された。元の宣譲王によって建造されたことから、太子塔ともいう。方形の五層塔からなり、上部の三層に仏像が安置されている。

### 破壊と、再興と

14 〜 17 世紀、舟山群島には東海を荒らす倭寇たちが拠点をおいたことから、明や清といった王朝は舟山群島に暮らす住

▲左　普陀山に現存する元代の建築、多宝塔院。　▲右　皇帝にのみ許された黄色の屋根瓦でふかれた大圓通宝殿

民をすべて内陸部に移住させて、倭寇を経済的に締めつけようとした。そのため普陀山の僧や仏像もたびたび内陸部に遷され、倭寇がおさまるたびに普陀山が再興されるということが続いた。1368年の明建国後も、反明勢力が舟山群島を根城として活動していたため、朱元璋は湯和に命じて普陀山の寺院を破壊して、仏像はみな寧波の七塔寺へ遷された（その後、万暦年間に復興された）。また北京の勢力がおよびにくい立地から、明清交代期には南明政権の拠点がおかれ、混乱のなか、普陀山から日本へ多くの仏像が渡ったという。やがて後期倭寇が跋扈すると、1655年、清朝は普陀山の島民を

**CHINA**
浙江省

内陸部に移住させ、1671年には仏僧も寧波に遷された。現在の普陀山は清朝の支配体制が固まって以後に再興が進み、その後も文化大革命の嵐に巻き込まれるなど、普陀山では700年に渡って破壊と信仰への思いが交錯してきた。

**百歩沙** 百步沙 bǎi bù shā バァイブウシャア ［★★☆］
普済禅寺の東側に広がる砂浜の美しい百歩沙。近くには朝日を眺めるのに適した朝陽洞、仙人井などが残る。

海天佛國

雲間侯繼高書

尘敬刻
乙丑秋

# 【MEMO】

**CHINA**
浙江省

**Guide,
Xi Tian Jing Qu**
# 西天景区
# 鑑賞案内

普済禅寺西の西天門から伸びる山道
心字石から梅福庵、磐陀石、二亀聴法石
へと続く一帯は西天風景区と呼ばれる

**心字石** 心字石 xīn zì shí シィンツゥシイ ［★☆☆］
巨大な岩石に朱文字で「心」と描かれた心字石。観音菩薩が蛇の背中にカエルを乗せてその心を試したが、蛇は動かず、カエルを食べなかった。この蛇の身体にあわせるように「心」の文字としたのが心字石だいう伝承が残る。心字石のうえでは、100人の僧侶が坐禅できるという。

**梅福庵** 梅福庵 méi fú ān メイフウアン ［★☆☆］
漢成帝（在位前32〜前7年）の時代、南昌の官吏だった梅福が隠居したという場所に立つ梅福庵。漢方に通じていた梅

## 【地図】西天景区

### 【地図】西天景区の ［★★★］
- [ ] 普済禅寺 普济禅寺プウジイチャァンスウ

### 【地図】西天景区の ［★☆☆］
- [ ] 心字石 心字石シィンツゥシイ
- [ ] 梅福庵 梅福庵メイフウアン
- [ ] 磐陀石 磐陀石パァントゥオシイ
- [ ] 二亀聴法石 二龟听法石アァグイティンファンシイ
- [ ] 普陀山港 普陀山码头プウトゥオシャンマアトウ
- [ ] 海岸牌坊 海岸牌坊ハァイアンパァイファン
- [ ] 短姑道頭 短姑道头ドゥアングウダオトォウ

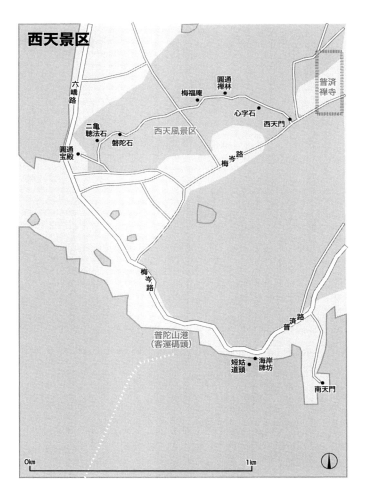

Putuoshan | 西天景区鑑賞案内

CHINA
浙江省

福は、煉丹洞に暮らしながら、丹薬をつくって漁民に薬をあたえた。死後、梅福をまつる塑像が煉丹洞に安置され、漁民たちは感謝の念をこめて島の名前を梅岑山としたという。梅福庵はこの煉丹洞そばに再建されたもので、梅福の塑像がまつられている。梅福にちなむ梅岑山から、やがて観音信仰の普陀山と呼ばれるようになった。

**磐陀石** 磐陀石 pán tuó shí パァントゥオシイ ［★☆☆］
不安定なかたちをした岩石が丘陵上に載る磐陀石。今にもくずれそうで、磐陀石としたの岩石は1か所のみでつながって

▲左　美しい砂浜からリゾート地としても人気が高い。　▲右　磐陀石ポスター、客運ターミナルにて

いる。これまで、このふたつの岩のすき間に紐を通すことも試みられたが、誰もそれができなかったという。

### 二亀聴法石 二龟听法石
**èr guī tīng fǎ shí アアグイティンファンシイ** [★☆☆]

普陀山南西部に残る、二匹の亀のかたちをした岩石の二亀聴法石。観音の説法を聴きに海からやってきた二匹の亀がそのまま石になったと伝えられる。

# Guide,
# Pu Tuo Shan Bei
# 普陀山北鑑賞案内

普済禅寺にならぶ名刹の法雨寺
背後の仏頂山は島の最高峰で
慧済寺が立つ

**千歩沙** 千步沙 qiān bù shā **チエンブウシャア** [★☆☆]

普陀山の東岸を南北に走る普陀山最大の砂浜の千歩沙（長さ1750m）。波が寄せてはかえす美しい砂浜で、朝日のさしこむ朝陽洞、1000もの文物をおさめる悦嶺庵、大涅槃仏がまつられた大乗庵などが位置する。この千歩沙のもっとも北側の地点に法雨寺が立つ。

**法雨寺** 法雨寺 fǎ yǔ sì **ファアユウスウ** [★★★]

法雨寺は普陀山三大寺院の一角をしめ、前寺の普済禅寺に対して、その後方に位置する後寺（法雨寺）とも呼ばれる。明

| 【地図】普陀山北 |
|---|

## 【地図】普陀山北の [★★★]
- ☐ 法雨寺 法雨寺 ファアユウスウ
- ☐ 慧済寺 慧济寺 フゥイジイスウ
- ☐ 普済禅寺 普济禅寺 プウジイチャァンスウ

## 【地図】普陀山北の [★☆☆]
- ☐ 千歩沙 千步沙 チエンブウシャア
- ☐ 楊枝庵 杨枝庵 ヤァンチイアン
- ☐ 梵音洞 梵音洞 ファンインドォン
- ☐ 万仏宝塔 万佛宝塔 ワンフウバァオタア
- ☐ 宝陀講寺 宝陀讲寺 バァオトゥオジィアンスウ
- ☐ 心字石 心字石 シィンツゥシイ
- ☐ 梅福庵 梅福庵 メイフウアン

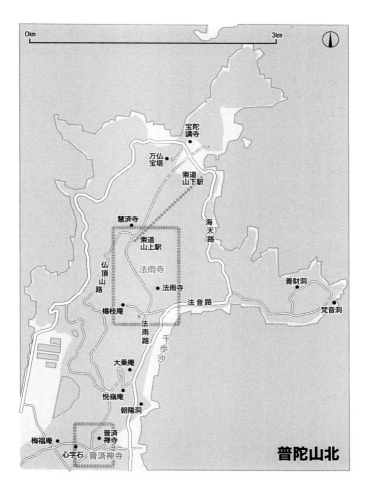

Putuoshan 普陀山北鑑賞案内

普陀山北

## 【地図】法雨寺

### 【地図】法雨寺の［★★★］
- ☐ 法雨寺 法雨寺ファアユウスウ
- ☐ 慧済寺 慧済寺フゥイジイスウ

### 【地図】法雨寺の［★☆☆］
- ☐ 千歩沙 千歩沙チエンブウシャア
- ☐ 楊枝庵 杨枝庵ヤァンチイアン

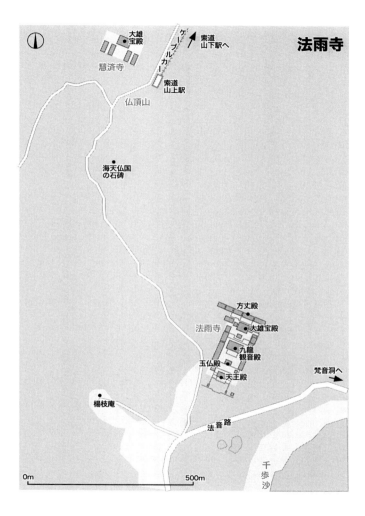

## CHINA
浙江省

代の 1580 年に創建されたときは「海潮庵（海の潮が聴こえる庵）」と言い、いっとき荒廃したのち、清朝康熙帝の南巡にあたって 1699 年に再興された。そのとき、康熙帝から「天花法雨（天に花開き、法の雨ふる）」の額をあたえられ、以後、法雨寺と呼ばれるようになった。山門から山の地形にあわせて上方に伽藍が連なり、天王殿、玉仏殿、九龍観音殿、御碑殿、大雄宝殿、方丈殿、印光法師記念堂が軸線上にならぶ。なかでも天王殿に向かって立つ九龍壁（当初、三龍壁であったが、1988 年に再建されて九龍壁となった）、インドを訪れた普陀山の仏僧慧根がもち帰ったビルマ製の釈迦牟尼像をまつる玉

▲左　法雨寺に残る九龍壁、九匹の龍はすべてかたちが違う。　▲右　前寺の普済禅寺に対して、法雨寺は後寺と呼ばれた

仏殿、美しい装飾天井をもつ九龍観音殿などが特筆される。

### 南京から遷された装飾天井

清朝建国後も、反清復明をかかげて海上を拠点とした鄭成功（1624〜62年）の一族。第4代康熙帝の時代、鄭氏が清朝に恭順すると、康熙帝は海禁令をといて普陀山の復興を進めた（1665年、法雨寺は鄭成功に台湾を追われたオランダに焼かれて廃墟になったという経緯もある）。1699年、法雨寺の修復にあたって、明皇帝の住居だった南京故宮の宮殿を解体、普陀山法雨寺に遷された。それが九龍観音殿で、天井に

は皇帝を象徴する極数9にちなむ九龍が見える（1匹の龍を8匹の龍が囲み、尾をからめている）。

## 楊枝庵 杨枝庵 yáng zhī ān ヤァンチイアン ［★☆☆］

普陀山三宝のひとつ楊枝観音画像碑が残る楊枝庵。唐の画家、閻立本による大観音図像碑は高さ2.34m、幅1.33mになり、楊柳の枝と浄瓶をもつ観音が描かれている（古代インドでは、植物の枝で歯を綺麗にした）。これは明代、舟山の軍人だった劉炳文によって寄進されたもので、本殿に楊枝観音が安置されている。

▲左　仏頂山に位置する慧済寺、山下からケーブルカーが伸びている。　▲右　慧済寺の大雄宝殿ここから法雨寺まで歩ける距離

### 慧済寺 慧済寺 huì jì sì フゥイジイスウ［★★★］

標高291m、普陀山最高峰の仏頂山にそびえることから、仏頂山寺とも呼ばれる慧済寺。普済禅寺、法雨寺とならぶ普陀山の三大寺院のひとつで、山上の寺院に向かって1088段の階段が続いている。このあたりは茶畑（仏茶）が広がり、明代創建の小さな庵があるばかりだったが、清朝乾隆帝の1793年に寺院となり、光緒帝の1907年に現在の姿となった。九十九折の参道（龍道）をのぼっていくと、その折り返し点に「仏」「同登彼岸」「入三摩地」の文字が刻まれている（また慧済寺の南側には倭寇討伐した将の侯継高による「海天仏

国」の文字が見える石が立つ)。天王殿、大雄宝殿、玉皇殿、斎楼と伽藍が続き、観音菩薩の霊場にあって、観音ではなく釈迦牟尼仏がまつられている。辛亥革命を成功させた孫文は1916年、軍艦に乗って舟山軍港を視察したのち、仏頂山にのぼってここからの景色をながめた。

**梵音洞** 梵音洞 fàn yīn dòng ファンインドォン ［★☆☆］
普陀山北東の岬、高さ100mにもなる断崖絶壁の奥に残る梵音洞。波しぶきがふきあげ、深さ100mの洞窟は海へと通じている。近くには、『華厳経』に記されている善財童子にち

▲左　高さ72mの万仏宝塔。　▲右　新たに島の北部に建てられた宝陀講寺

なむ善財洞も残る（『華厳経』のなかで善財童子は観音のいる普陀洛伽山を訪ねている）。かつて人びとは潮音洞で修行したが、梵音洞に場所を遷し、この地で観音を求めて修行するようになった。

### 万仏宝塔 万佛宝塔
**wàn fú bǎo tǎ ワァンフウバァオタア** [★☆☆]

仏頂山の北東側にそびえる高さ72m、九層からなる万仏宝塔。21世紀になって新たに建てられた仏塔で、美しい細身の塔身をもつ。

## CHINA
浙江省

**宝陀講寺** 宝陀讲寺
**bǎo tuó jiǎng sì** バァオトゥオジィアンスウ ［★☆☆］

普陀山の北端部に位置する宝陀講寺。普陀山三大寺院に続く寺として1999年に建てられ、天王殿、大圓通殿へと続く壮大な伽藍を見せる。仏殿ごとに黄色、青、緑といった鮮やかな瑠璃瓦で彩られている。

# 補陀洛山に棲む観音菩薩

**CHINA**
浙江省

観音とは悟りを開く前段階で
修行している人のこと
東アジア全域で信仰される神格

### 観音、インドから中国へ

観音という神格は、クシャン朝時代の1世紀ごろ、北西インドで生まれたとされ、大乗仏教で広く信仰されるようになった。「観音」という名称には、シヴァ神の異称である「イーシャ（主を観す）」が見られ、またイラン系民族であるクシャン朝の影響から、西アジアの女神の要素も備えているという。インドで大乗仏教が密教化すると、不空羂索観音、千転観音、千手観音、千眼観音といったさまざまな観音が生まれ、釈迦牟尼仏（ブッダ）、阿弥陀如来、弥勒菩薩とくらべても多くの彫像が彫られるようになった（千手観音はドゥルガー女神、

# Putuoshan 補陀洛山に棲む観音菩薩

馬頭観音はヴィシュヌ神を起源とするという)。多くの手や多くの目をもって「世間の人びとの声を観ずる」という観音菩薩の性格から、「病気の治癒」「仕事の成功」「子宝」を願う人びとを中心に中国や日本で広く信仰されるようになった。

## 観音信仰の広まり

観音信仰は大乗仏教とともに、中央アジアから中国へ伝わり、唐代ごろ、女性化された観音の姿が見られるようになった(12世紀以前成立の『妙善説話』以後、中国では女性の姿の観音

**CHINA**
浙江省

が多くなったものの、実際は男性でも女性でもない)。当初、「観世音菩薩」と言ったが、唐皇帝の李世民の「世」と重なるのをさけるため、「観音菩薩」の名前が定着した。観音菩薩の浄土はインド南端にあると言われ、中国では「南端」が「東端」におきかえられて普陀山が観音の霊場とされた。3世紀に成立した『華厳経』以来、観音は航海神という性格をもち、東晋時代にインドを訪れた中国僧法顕(337年ごろ〜422年ごろ)はスリランカからの帰途、海で襲われたが、観音に念じて難を逃れたという。「人びとを救済する」という観音菩薩の性格から、船乗りや漁民、貧者といった天候に左右され

▲左　法雨寺の大雄宝殿、伽藍は丘陵にそって展開する。　▲右　百歩沙から梵音洞を望む

る職業の人たちに信仰されて現在にいたる。また仏教の航海神である観音に対して、浙江南隣の福建では媽祖（道教）が航海神となり、いずれも女性の姿をした守護神となった。

### 日本の普陀山

観音菩薩の棲家であるサンスクリット語の「Potalaka（ポタラカ）」を音写した普陀洛迦山。このポタラカからチベットのポタラ宮や和歌山那智の補陀洛寺の名前がとられている。また観音信仰の残る栃木日光山は古くは、「補陀洛山（ほだらさん）」と呼ばれ、それが「二荒山（ふたらさん）」「二荒

**CHINA**
浙江省

山（にこうさん）」「日光山（にっこうさん）」へと変化したという。ほかにも中世日本では、和歌山那智の補陀洛寺の浜辺から、大海の南の彼方にある観音の浄土（インド南部のポタラカや普陀山が想定されていた）へ渡るということが試みられた。それはわずかの食料をもって木造船に乗り込む、死を覚悟した捨身行で、「補陀落渡海」と呼ばれた。

# Guide, Zhou Shan Qun Dao
# 舟山群島城市案内

CHINA
浙江省

島や岩礁とぶつかりあい
1日のあいだで何度も変わる潮や渦
船は海水の干満にあわせて港に入った

**舟山島** 舟山岛 zhōu shān dǎo チョウシャンダァオ [★☆☆]
舟山群島で最大の島が舟山島で、東西45km、南北17kmからなり、寧波沖合いをおおうように広がる（海南島、崇明島に続く面積をもつ）。舟山という名前は、「島に山翼があり、舟の集まる場所」だからだとも、船が普陀山で島となって「船からできた島」だからだともいう。舟山島では四方を海に囲まれ、人びとは漁撈と農耕生活を送り、東側の沈家門は漁業が盛んで、西側は農耕が盛んといった地域差が見られ、その中心に定海が位置する（また新石器時代にさかのぼる河姆渡文化の馬嶴遺跡も残る）。イギリスは、1698年、短い期間、

舟山群島城市案内 Putuoshan

舟山に商館をおいたり、1841年のアヘン戦争で軍事拠点をおくなど、早くからこの地の立地に注目していた。現在は橋で寧波とつながって一体化が進み、漁業や塩業、観光業、海上運輸業などで特徴がある。2011年より、舟山島を中心とする舟山群島は舟山群島新区として、上海との距離、港湾や海洋を活かした開発が進められている。

**定海** 定海 dìng hǎi ディンハァイ ［★☆☆］
定海は舟山島の行政拠点がおかれてきた舟山群島の中心地。清朝康熙帝時代、「動く舟（舟山）」から「静かな海」である

## 【地図】定海

### 【地図】定海の [★★☆]
- ☐ 舟山群島 舟山群岛 チョウシャンチュンダァオ

### 【地図】定海の [★☆☆]
- ☐ 舟山島 舟山岛 チョウシャンダオ
- ☐ 定海 定海 ディンハァイ
- ☐ 沈家門 沈家门 チェンジィアメン
- ☐ 双嶼 双屿 シュゥアンユウ

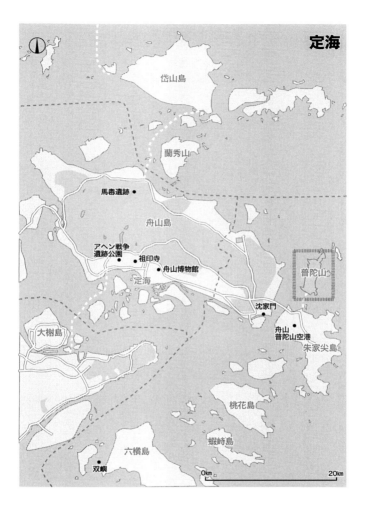

**CHINA**
浙江省

こと願って定海という名前になったという。寧波側と海をへだてて15kmほどの距離にあり、定海の前には多くの島々がこの街を守るように浮かんでいる。舟山群島の歴史を感じさせる祖印寺、舟山博物館、アヘン戦争遺址公園などが残り、現在では高層ビルも見られる。舟山の優れた港湾環境、上海、寧波との距離的優位をふまえた整備が進んでいる。

**沈家門** 沈家门 chén jiā mén チェンジィアメン［★☆☆］
舟山島東端に位置する沈家門は、舟山群島を代表する漁業基地。海峡をはさんで対岸の朱家尖島を風よけとする天然の良

▲左　港町の面影を見せる舟山群島の街並み。　▲右　島から島へと航路で結ばれている

港をもつ。舟山群島では潮流は激しいが中国最良の漁場で、黄花魚や太刀魚、蟹や蝦、鮫、クラゲなどが陸揚げされる。

## 舟山群島 舟山群岛
**zhōu shān qún dǎo チョウシャンチュンダァオ　[★★☆]**

上海と寧波の東の洋上に浮かぶことから「海中州」とも称され、中国最大の群島を構成する舟山群島。1390ある島嶼のうち、有人島は100島に満たないが、港湾環境に適した深水海岸線、中国最大の漁場をもつ（海岸線が複雑に走り、方国珍や王直といった海賊は舟山群島に拠点をおいた）。舟山群

## 【地図】舟山群島

### 【地図】舟山群島の [★★☆]
- [ ] 舟山群島 舟山群岛 チョウシャンチュンダァオ

### 【地図】舟山群島の [★☆☆]
- [ ] 舟山島 舟山岛 チョウシャンダァオ
- [ ] 定海 定海 ディンハァイ
- [ ] 洛迦山 洛迦山 ルゥオジィアシャン
- [ ] 双嶼 双屿 シュゥアンユウ
- [ ] 嵊泗列島 嵊泗列岛 シェンスウリエダァオ
- [ ] 洋山深水港 洋山深水港 ヤンシャンシェンシュイグァン

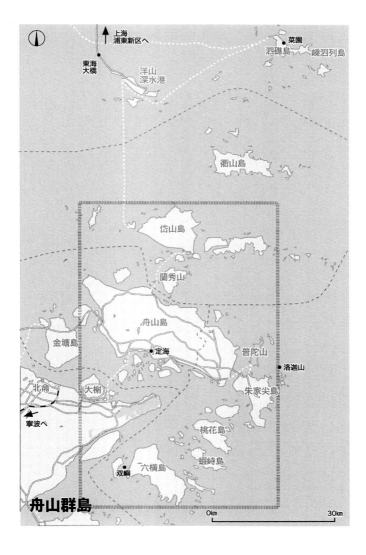

**CHINA**
浙江省

島最大の島で行政地のある「舟山島」、中国四大仏教聖地のひとつ「普陀山」、生態公園に指定されている「朱家尖島」、倭寇の王直が根拠地とした「金塘島」、六横島そばに浮かび、上海以前の国際港であった「双嶼（リャンポー）」、かつては華山と呼ばれていた「桃花島」、方国珍以後に明朝へ反乱を起こした海賊たちが拠点とした「蘭秀山」、美しい砂浜の鹿欄晴沙が続く「岱山」、上海洋山深水港にも近い「衢山島」、舟山群島北側に位置する嵊泗列島の「泗礁島」など、島ごとに異なる文化をもつと言われる。

### 洛迦山 洛迦山 luò jiā shān ルゥオジィアシャン［★☆☆］

普陀山の東5kmに浮かぶ周囲2kmの洛迦山。普陀山とともに普陀洛伽山を構成し、サンスクリット語の「Potalaka（ポタラカ）」のうち「Pota（ポタ）」が普陀山で、「laka（ラカ）」が洛伽山。伝説では千手観音に変身するまでの三公主がこの島で修行し、ここからひと跳びで普陀山に向かったという。港から大覚禅院へと洛迦香道が伸びる。

### 双嶼 双屿 shuāng yǔ シュゥアンユウ［★☆☆］

六横島の沖合いにあった小さな島の双嶼には、明代の16世

**CHINA**
浙江省

紀、中国人、ポルトガル人、琉球人をふくむ日本人、東南アジア人などの海洋商人が集まる国際貿易港があった。1526年、福建海商がここで密貿易をはじめ、絹や綿布など江南の物資、日本の石見銀山から採掘された銀などが取引された。明朝の管理を通さない海賊たちの密貿易拠点という性格とは裏腹に、2万人の暮らすその繁栄は「上海以前の上海」のようだったという。とくに大航海時代（15 〜 17 世紀）、喜望峰、マラッカ海峡をへて中国へ現れたポルトガルは、この双嶼を近くの寧波にちなんで「リャンポー」と呼び、植民都市と言える街づくりを進めていた（ポルトガル人市長がいて、庁舎、

▲左　点在する島と入り組んだ入江は最高の漁場でもある。　▲右　フェリーの便を待つ人たち

医院、教会などもあった)。こうした事態を重く見た明朝は、1548年、朱紈を派遣し、双嶼を壊滅させた。

### ポルトガル人から鉄砲伝来

双嶼や烈港などの舟山群島、東海をへだてた五島列島を拠点とし、中国、東南アジア、琉球、日本を自由に往来したのが倭寇の王直だった(中国ではほかに福建月港が海賊の拠点で、明朝の勢力がおよばない海上で倭寇たちは勢力をほこった)。ちょうど同じ時代（大航海時代）、1517年、中国の海上に現れたポルトガルは、中国人倭寇（海洋商人）に導かれて「双

## CHINA
浙江省

嶼（リャンポー）」に中国進出の足がかりを築いた。ピントの『東洋遍歴記』にも記されている通り、「双嶼（リャンポー）」から「種子島」への航路があり、1543年、倭寇王直の船に乗ってポルトガル人は日本に鉄砲（種子島）を伝えている。1548年、双嶼が明軍の攻撃を受けたことで、倭寇たちは離散し、中国からは海賊と見られていたポルトガル人は1557年に植民地マカオを獲得した。また明朝は海岸の住民を内陸地帯に移すことで、倭寇の経済源泉をたとうとし、胡宗憲の呼びかけに応じた倭寇王直は定海で投降したが、結局、1559年に処刑された。

**嵊泗列島** 嵊泗列岛
**shèng sì liè dǎo シェンスウリエダァオ** [★☆☆]

舟山群島の北部に点在する369の島々からなる嵊泗列島。中心は泗礁島の菜園で、観音菩薩をまつる大悲山霊音寺が残り、漁村生活を送る人びとの姿も見られる。かつて長江はこのあたりを河口部としたという。

CHINA
浙江省

**洋山深水港** 洋山深水港 yáng shān shēn shuǐ gǎng
ヤンシャンシェンシュイグァン ［★☆☆］

上海浦東南の杭州湾洋上に浮かぶ洋山深水港。大型船が停泊できる水深を確保するため、小さな島々を削平して築かれた中国を代表する港湾。長さ32.5kmの東海大橋で上海と結ばれ、寧波北侖港、舟山港ともに世界有数の港湾群を構成する。

# 海流の なか の島々

CHINA
浙江省

舟山群島は中国最大の群島
5000年以上前から続く漁撈文化は
東海を越えて日本につながっていた

### 舟山と漁業

舟山群島は山東半島沖、珠江デルタとならんで中国三大漁場のひとつで、そのなかでも最大の漁場となっている(南海のほうが魚の種類は多いが、東海のほうが漁獲量が多い)。春は「キグチ(黄魚)」「コウイカ(墨魚)」、夏は「フーセイ(大黄魚)」、冬は「タチウオ(太刀魚)」というように、舟山群島では季節ごとに陸揚げされる魚が異なる。とくに「キグチ(黄魚)」は中国人にとってなじみ深い魚で、春秋戦国時代から親しまれていたという。「キグチ(黄魚)」や「フーセイ(大黄魚)」は繁殖期に水中音を出すため、漁師たちは海中に沈

Putuoshan　海流のなかの島々

めた竹筒ごしにそれを聴いて網をはる。舟山の水産業では「塩づけにする」「割く」「干す」といった加工のほか、冷凍なども行なわれている。古くは、漁師は漁場の許可証を海賊団から購入したが、ある海賊団の許可証は別の海賊団には通じなかったという。

## 舟山の人びと、舟山の文化

紀元前4500年ごろには舟山群島に人が暮らし、漁撈や農業生活を営んでいた。塩分をふくんだ土地から、人びとは海辺や遠洋に繰り出し、女性は漁師を支えるという独特の文化を

**【MEMO】**

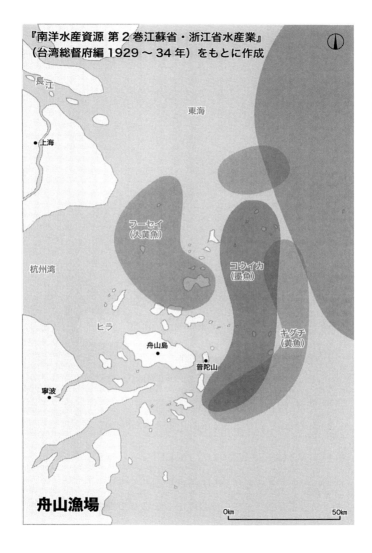

**CHINA**
浙江省

有してきた。舟山群島の人びとは、網神、竜王、観音、媽祖、地方神など、自らの生活に根ざした信仰体系をもち、「舳先で排泄してはならない」「魚は頭から食べる」などの決まりがあるという。また明初に起こった蘭秀山の乱の残党が韓国済州島に逃れたり、倭寇王直は舟山群島と五島列島を自由に往来したりと、海を通じて中国とは異なる気風があった(東海を通じて日本のイタコ、韓国の巫堂のような共通のシャーマニズムが見られる)。現在は、この舟山群島の漁撈文化を体験する「漁家楽」というレジャーも盛んになってきている。

Putuoshan　海流のなかの島々

### 東海の寄港地普陀山

中国から日本の九州へ続く東海を俯瞰すれば、普陀山は中国側からは寧波を出発した船が「最後に寄港できる港町」で、また五島列島を旅だった船が「一番最初に着く中国」にあたる。台風や暴風を避ける岬、飲料水の確保、北洋と南洋双方に通ずる立地といった観点から、普陀山は港として絶好の条件をもつ。また普陀山を中心に弧を描くと、「沖縄と済州島」「博多と広州、北京」はほぼ同心円状に位置し、東海各地から船の集まる普陀山や舟山では、航海の守り神として観音菩薩が信仰された。1526年、石見銀山が発見されると、日本

## 【MEMO】

CHINA
浙江省

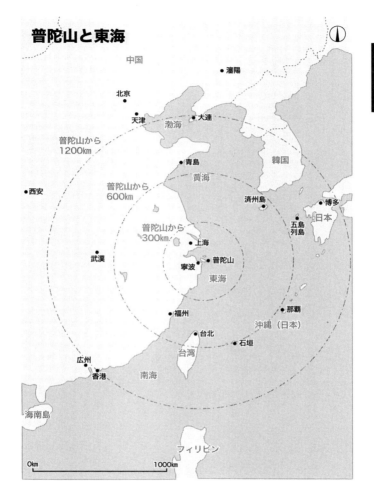

浙江省

から銀を運ぶ航路の重要性が高まり、海商、船乗り、使節などが普陀山に寄港した。船乗りたちは長江や銭塘江の吐き出す黄土色の海水を見て、中国に入ったと思ったといい、地勢上の重要性からかつて倭寇が根拠地とし、現在、舟山群島には中国海軍の基地がおかれている。

## 舟山群島と日本

宋元（10〜14世紀）時代から1000年に渡って寧波が日本使節団や商人の窓口となっていた。普陀山は寧波と九州博多を結ぶ航路の寄港地だったことから、日本ゆかりの話も多く

Putuoshan　海流のなかの島々

残っている。浙江台州生まれで、普陀山の僧侶だった一山一寧は、元朝の使節として鎌倉幕府へと派遣され、やがて建長寺、円覚寺、南禅寺で住持をつとめた。また江戸時代の1841年、漂流した栄寿丸の乗組員善助はアメリカからマカオ、舟山、寧波へと護送され、舟山の様子を「この家での食物は米飯で、豚、鶏、蔬菜など醤油や味噌で調理してあり、ややわが国の食事に似ていた」と記している。

**参考文献**

---

『中国東海の文化と日本』（川村湊 / 勉誠社）

『中国海洋漁業簡史』（張震東・楊金森 / 海外漁業協力財団）

『観音変容譚』（彌永信美 / 法藏館）

『明代萬暦年間における普陀山の復興』（石野一晴 / 東洋史研究）

『普陀山・寧波・天台山から杭州訪問記』（村上泰昭 / 史迹と美術）

『舟山群島における漁村女性の労働と自己認識の変化』（于洋 / 年報非文字資料研究）

『華北からの普陀山参詣』（石野一晴 / 富士ゼロックス小林節太郎記念基金編）

『「蘭秀山の乱」と東アジアの海域世界』(藤田明良 / 歴史学研究)

『南洋水産資源』（南洋協會臺灣支部 / 南洋協會臺灣支部）

『支那文化史蹟』（常盤大定・関野貞 / 法藏館）

『世界大百科事典』（平凡社）

# まちごとパブリッシングの旅行ガイド
Machigoto INDIA , Machigoto ASIA , Machigoto CHINA

## 【北インド - まちごとインド】

001 はじめての北インド
002 はじめてのデリー
003 オールド・デリー
004 ニュー・デリー
005 南デリー
012 アーグラ
013 ファテープル・シークリー
014 バラナシ
015 サールナート
022 カージュラホ
032 アムリトサル

## 【西インド - まちごとインド】

001 はじめてのラジャスタン
002 ジャイプル
003 ジョードプル
004 ジャイサルメール
005 ウダイプル
006 アジメール（プシュカル）
007 ビカネール
008 シェカワティ
011 はじめてのマハラシュトラ
012 ムンバイ
013 プネー
014 アウランガバード
015 エローラ
016 アジャンタ
021 はじめてのグジャラート
022 アーメダバード
023 ヴァドダラー（チャンパネール）
024 ブジ（カッチ地方）

## 【東インド - まちごとインド】

002 コルカタ
012 ブッダガヤ

## 【南インド - まちごとインド】

001 はじめてのタミルナードゥ
002 チェンナイ
003 カーンチプラム
004 マハーバリプラム
005 タンジャヴール
006 クンバコナムとカーヴェリー・デルタ
007 ティルチラパッリ
008 マドゥライ
009 ラーメシュワラム
010 カニャークマリ
021 はじめてのケララ
022 ティルヴァナンタプラム
023 バックウォーター（コッラム〜アラプーザ）
024 コーチ（コーチン）
025 トリシュール

## 【ネパール - まちごとアジア】

001 はじめてのカトマンズ
002 カトマンズ
003 スワヤンブナート

004 パタン
005 バクタプル
006 ポカラ
007 ルンビニ
008 チトワン国立公園

## 【バングラデシュ - まちごとアジア】

001 はじめてのバングラデシュ
002 ダッカ
003 バゲルハット（クルナ）
004 シュンドルボン
005 プティア
006 モハスタン（ボグラ）
007 パハルプール

## 【パキスタン - まちごとアジア】

002 フンザ
003 ギルギット（KKH）
004 ラホール
005 ハラッパ
006 ムルタン

## 【イラン - まちごとアジア】

001 はじめてのイラン
002 テヘラン
003 イスファハン
004 シーラーズ
005 ペルセポリス
006 パサルガダエ（ナグシェ・ロスタム）
007 ヤズド
008 チョガ・ザンビル（アフヴァーズ）
009 タブリーズ
010 アルダビール

## 【北京 - まちごとチャイナ】

001 はじめての北京
002 故宮（天安門広場）
003 胡同と旧皇城
004 天壇と旧崇文区
005 瑠璃廠と旧宣武区
006 王府井と市街東部
007 北京動物園と市街西部
008 頤和園と西山
009 盧溝橋と周口店
010 万里の長城と明十三陵

## 【天津 - まちごとチャイナ】

001 はじめての天津
002 天津市街
003 浜海新区と市街南部
004 薊県と清東陵

## 【上海 - まちごとチャイナ】

001 はじめての上海
002 浦東新区
003 外灘と南京東路
004 淮海路と市街西部
005 虹口と市街北部
006 上海郊外（龍華・七宝・松江・嘉定）
007 水郷地帯（朱家角・周荘・同里・甪直）

## 【河北省 - まちごとチャイナ】

001 はじめての河北省
002 石家荘
003 秦皇島
004 承徳
005 張家口
006 保定
007 邯鄲

## 【江蘇省 - まちごとチャイナ】

001 はじめての江蘇省
002 はじめての蘇州
003 蘇州旧城
004 蘇州郊外と開発区
005 無錫
006 揚州
007 鎮江
008 はじめての南京
009 南京旧城
010 南京紫金山と下関
011 雨花台と南京郊外・開発区
012 徐州

## 【浙江省 - まちごとチャイナ】

001 はじめての浙江省
002 はじめての杭州
003 西湖と山林杭州
004 杭州旧城と開発区
005 紹興
006 はじめての寧波
007 寧波旧城
008 寧波郊外と開発区
009 普陀山
010 天台山
011 温州

## 【福建省 - まちごとチャイナ】

001 はじめての福建省
002 はじめての福州
003 福州旧城
004 福州郊外と開発区
005 武夷山
006 泉州
007 厦門
008 客家土楼

## 【広東省 - まちごとチャイナ】

001 はじめての広東省
002 はじめての広州
003 広州古城
004 天河と広州郊外
005 深圳(深セン)
006 東莞
007 開平(江門)
008 韶関
009 はじめての潮汕
010 潮州
011 汕頭

## 【遼寧省 - まちごとチャイナ】

001 はじめての遼寧省
002 はじめての大連
003 大連市街
004 旅順
005 金州新区

006 はじめての瀋陽
007 瀋陽故宮と旧市街
008 瀋陽駅と市街地
009 北陵と瀋陽郊外
010 撫順

## 【重慶 - まちごとチャイナ】

001 はじめての重慶
002 重慶市街
003 三峡下り（重慶〜宜昌）
004 大足

## 【香港 - まちごとチャイナ】

001 はじめての香港
002 中環と香港島北岸
003 上環と香港島南岸
004 尖沙咀と九龍市街
005 九龍城と九龍郊外
006 新界
007 ランタオ島と島嶼部

## 【マカオ - まちごとチャイナ】

001 はじめてのマカオ
002 セナド広場とマカオ中心部
003 媽閣廟とマカオ半島南部
004 東望洋山とマカオ半島北部
005 新口岸とタイパ・コロアン

## 【Juo-Mujin（電子書籍のみ）】

Juo-Mujin 香港縦横無尽
Juo-Mujin 北京縦横無尽
Juo-Mujin 上海縦横無尽

## 【自力旅游中国 Tabisuru CHINA】

001 バスに揺られて「自力で長城」
002 バスに揺られて「自力で石家荘」
003 バスに揺られて「自力で承徳」
004 船に揺られて「自力で普陀山」
005 バスに揺られて「自力で天台山」
006 バスに揺られて「自力で秦皇島」
007 バスに揺られて「自力で張家口」
008 バスに揺られて「自力で邯鄲」
009 バスに揺られて「自力で保定」
010 バスに揺られて「自力で清東陵」
011 バスに揺られて「自力で潮州」
012 バスに揺られて「自力で汕頭」
013 バスに揺られて「自力で温州」

【車輪はつばさ】
南インドのアイラヴァテシュワラ寺院には建築本体に車輪がついていて寺院に乗った神さまが人びとの想いを運ぶと言います。

・本書はオンデマンド印刷で作成されています。
・本書の内容に関するご意見、お問い合わせは、発行元の
　まちごとパブリッシング info@machigotopub.com までお願いします。

まちごとチャイナ
**浙江省009普陀山**
〜「海天仏国」と舟山群島 [モノクロノートブック版]

2017年11月14日　発行

| | |
|---|---|
| 著　者 | 「アジア城市（まち）案内」制作委員会 |
| 発行者 | 赤松　耕次 |
| 発行所 | まちごとパブリッシング株式会社<br>〒181-0013　東京都三鷹市下連雀4-4-36<br>URL http://www.machigotopub.com/ |
| 発売元 | 株式会社デジタルパブリッシングサービス<br>〒162-0812　東京都新宿区西五軒町11-13<br>清水ビル3F |
| 印刷・製本 | 株式会社デジタルパブリッシングサービス<br>URL http://www.d-pub.co.jp/ |

MP143

ISBN978-4-86143-277-4 C0326　　　　Printed in Japan
本書の無断複製複写（コピー）は、著作権法上での例外を除き、禁じられています。